LILIANA IACOCCA MICHELE IACOCCA

Entre neste livro

A Constituição para crianças

editora ática

Gerente editorial	Claudia Morales
Editoras	Claudia Morales/Lavínia Fávero
Editores assistentes	Elza Mendes/Fabrício Valério
Coordenadora de revisão	Ivany Picasso Batista

ARTE

Projeto de capa	Vinicius Rossignol Felipe
Editores	Suzana Laub/Vinicius Rossignol Felipe
Editor assistente	Antonio Paulos
Diagramadores	Moacir K. Matsusaki/Claudemir Camargo

CIP-BRASIL. CATALOGAÇÃO NA FONTE
SINDICATO NACIONAL DOS EDITORES DE LIVROS, RJ.

I12e
15.ed.
Iacocca, Liliana, 1947-2004
Entre neste livro : a Constituição para crianças / texto Liliana Iacocca ; ilustrações Michele Iacocca. - 15.ed. - São Paulo : Ática, 2011.
48p. : il. - (Pé no chão)

ISBN 978-85-08-14356-6

1. Direito constitucional - Brasil - Literatura infantojuvenil. 2. Literatura infantojuvenil brasileira. I. Iacocca, Michele, 1942-. II. Título. III. Título: A Constituição para crianças. IV. Série.

10-5050. CDD: 028.5
CDU: 087.5

ISBN 978 85 08 14356-6 (aluno)
ISBN 978 85 08 14357-3 (professor)
Código da obra CL 737326

2023
15ª edição
10ª impressão
Impressão e acabamento: Edições Loyola

Av. Otaviano Alves de Lima, 4400 – CEP 02909-900 – São Paulo, SP
Atendimento ao cliente: 4003-3061 – atendimento@atica.com.br
www.atica.com.br

ENTRE NESTE LIVRO

Marcelo leu o título do livro e achou engraçado.

Aquele era o convite mais esquisito que já tinha recebido na vida. Chamou sua irmã Adriana e perguntou:

– Você quer ir para um lugar comigo?

– Para onde?

– Para dentro deste livro.

– E se a gente se perder?

– Não tem perigo, ninguém se perde dentro de um livro.

– Então eu só entro se você entrar primeiro!

Com a pontinha dos dedos, Marcelo foi abrindo o livro, pegou na mão de Adriana e entraram juntos.

Marcelo pegou na mão de Adriana
e entraram juntos.

Marcelo e Adriana encontraram uma frase escrita na página:

Todos são iguais perante a lei.

– Quer dizer que entramos aqui para ler uma mentira dessas! – Adriana falou.

– Eu não sou igual a você que é menino, nem igual à Cláudia que é ruiva e tem milhões de sardas, nem igual à Marina que é japonesa, muito menos igual à Paula que tem aquele nariz arrebitado!

– Tem razão, Adriana – concordou Marcelo.

– Que lei será essa que diz que todos são iguais? Será que é uma lei maluca?

Mas olhe o que está escrito no cantinho da página.

Mas olhe o que está escrito no cantinho da página...

VIRE A PÁGINA E DESCUBRA QUE LEI É ESSA.

– **Essa é a lei básica da Constituição** – falou a figura que apareceu na frente deles.

E eles perguntaram:

– Quem é você?

– **Eu sou a Constituição brasileira, ora, e não sou feita de uma lei só. Como vocês poderão ver, eu sou feita de muitas leis; aliás, eu sou todas as leis fundamentais do Brasil**.

E para mim todos são iguais: homens, mulheres, brancos, negros, índios, gente grande e crianças, de qualquer etnia, de qualquer religião.

– Muito prazer! – falou Marcelo.

– Prazer mesmo! – disse Adriana.

– O prazer é todo meu. Sejam bem-vindos.

É importante que vocês me conheçam, porque são as minhas leis que garantem a liberdade e os direitos das pessoas.

E algumas leis interessam principalmente às crianças.

– Então nós queremos conhecê-la. Como a gente faz?

– É simples: venham comigo.

– Para onde?

– Para a próxima página.

– **Pelas minhas leis não é certo que uns tenham casa para morar e outros não tenham... que uns tenham alimentação e outros não tenham... que uns tenham assistência médica e outros não tenham...**

– E o que é certo pelas suas leis? – eles perguntaram.

– **Que o país em que nós vivemos dê a todos condições de moradia decente, alimentação e saúde garantidas, escola gratuita para as crianças e, principalmente, uma boa vida junto com a família.**

– Criança tem direito à educação.
Tem que crescer saudável, praticar
esportes, brincar, passear e se divertir.

Eu também acho.

É isso mesmo.

– Criança tem que ter quem a proteja, quem tome conta dela. Criança não deve sofrer.

E tem mais...

– A natureza precisa ser preservada, cuidada, e não destruída e contaminada.

O Brasil é um país grande e rico, com sua floresta Amazônica, sua mata Atlântica, sua serra do Mar, seu Pantanal Mato-grossense, sua zona costeira... É nosso patrimônio nacional. Precisamos cuidar do que é nosso.

– Que bonito! Sabe que não dá vontade de sair daqui? – disse Adriana.

– É verdade – falou Marcelo. – Mas eu estou curioso para saber o que tem na próxima página.

– Só mais um pouquinho… – pediu Adriana.

– Também os animais têm que ser respeitados. Eles são parte fundamental do equilíbrio da natureza.

Algumas das minhas leis foram feitas para proteger a fauna brasileira, isto é, os animais que vivem em nossas matas, mares, rios e lagos.

Marcelo e Adriana ficaram entusiasmados com aquela bicharada toda.

– Eu adoro animais – falou Adriana.

– Nunca na minha vida vou maltratar bicho nenhum – afirmou Marcelo.

– Minhas leis também protegem os índios.

Eles sempre foram um povo indefeso diante do homem branco.

Por isso, minhas leis estabelecem que os índios têm o direito de permanecer em suas terras, de manter sua cultura, seus costumes, suas crenças e tradições, para poderem viver em paz.

– Eu acho tudo isso muito certo – falou Marcelo, enquanto se despedia de um curumim que agora era amigo dele.

Tchauzinho.
Esperamos encontrar
vocês de novo.

– Nós gostamos muito do que você nos disse. Agora conte um pouco da sua história.

– O que é que vocês querem saber?

O que vocês querem saber?

– Ah, de onde você veio, quantos anos você tem, quem são seus pais, quantos irmãos você tem, essas coisas...

– Então sentem aí que essa é uma longa história.

Então sentem aí que essa é uma longa história.

Desde as épocas mais antigas, quando os homens começaram a viver juntos, eles tentaram se organizar. E nessa organização tinha os que mandavam e os que obedeciam. Só que, com o passar do tempo, os que mandavam foram mandando cada vez mais e de maneira cada vez mais injusta com os que obedeciam.

Foi aí que os que obedeciam começaram a reclamar. Reclamavam porque eram escravizados, ou porque ganhavam muito pouco pelo que faziam e, principalmente, porque queriam seus direitos como seres humanos e como trabalhadores.

Durante séculos de lutas contra imperadores desumanos, reis tiranos, senhores de terras e donos de escravos, esses direitos foram sendo conquistados.

E, para garantir que esses direitos fossem respeitados, foram elaboradas leis escritas e assinadas, que tinham que ser cumpridas tanto pelos que mandavam como pelos que obedeciam. A esse conjunto de leis foi dado o nome de Constituição.

As primeiras Constituições nasceram com a Independência dos Estados Unidos, em 1776, e com a Revolução Francesa, em 1789.

– Puxa, você é bem velhinha então? – perguntou Marcelo.

– Ela é velhíssima – disse Adriana.

– Nem tanto. Cada país tem a sua própria Constituição, e cada Constituição tem uma idade diferente. Eu sou brasileira e nasci no dia 5 de outubro de 1988.

– Fale um pouco sobre seus pais – sugeriu Marcelo.

– Bem, antes é preciso que vocês conheçam os Três Poderes que governam o Brasil, o que faz cada um e quem faz parte deles.

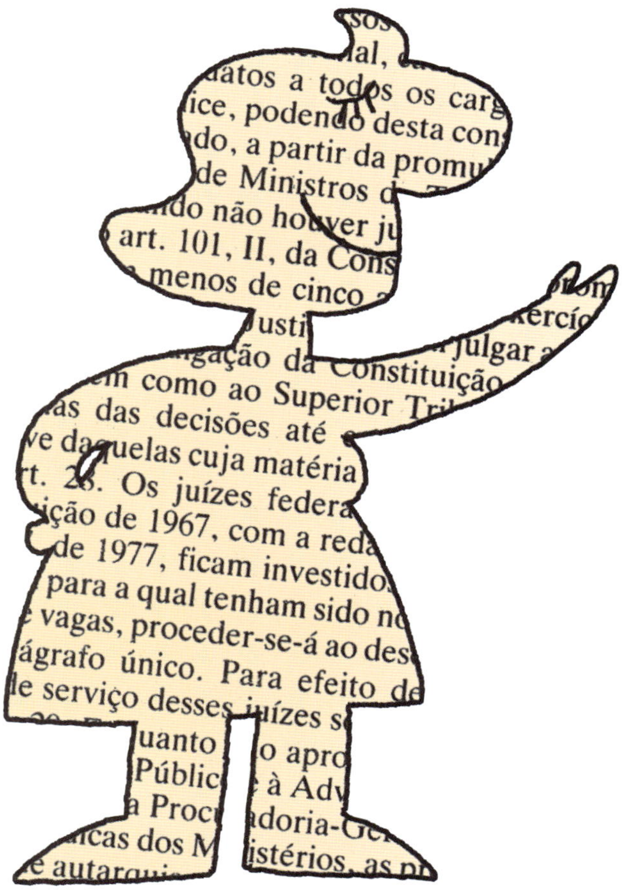

	PAÍS
PODER EXECUTIVO Executa as leis.	**Presidente da República** **Vice-presidente da República** **Ministros**
PODER LEGISLATIVO Elabora as leis.	**Congresso Nacional** ↙ ↘ Senado Federal (senadores) — Câmara d Deputad (deputad federais
PODER JUDICIÁRIO Fiscaliza o cumprimento das leis.	**Tribunais Superiores** ↓ **Ministros**

ESTADO	MUNICÍPIO
Governador	Prefeito
Vice-governador	Vice-prefeito
Secretários estaduais	Secretários municipais
Assembleia Legislativa ↓ Deputados estaduais	Câmara Municipal ↓ Vereadores
Tribunais ↓ Desembargadores e Juízes	Não há órgãos municipais do Poder Judiciário

– Meus pais, ou melhor, quem me fez, foram os deputados federais e senadores, eleitos pelo povo, em novembro de 1986, que exercem o Poder Legislativo e formam o Congresso Nacional.

Eles se reuniram em uma assembleia chamada Assembleia Nacional Constituinte. Nela, os projetos de lei foram apresentados e discutidos, para serem aprovados ou não.

Por exemplo: para que um projeto de lei fosse aprovado era preciso que a maioria dos constituintes (deputados federais e senadores) estivesse presente na Assembleia Nacional Constituinte e votasse a favor dele. Se o projeto de lei não recebesse a maioria dos votos, a lei não era aprovada.

– **Enfim, eu sou feita por esse conjunto de leis aprovadas na Assembleia Nacional Constituinte.**

E, como já disse, essas leis devem ser respeitadas tanto pelos governantes como pelos governados.

– E você tem irmãos? – perguntou Adriana.

– **As minhas irmãs brasileiras são seis.**

– Todas elas Constituições iguais a você?

– **Todas são Constituições, mas cada uma diferente da outra.**

– E onde elas estão?

– **Estão todas aposentadas.**

– Quer dizer que o Brasil já teve seis Constituições! – Marcelo exclamou, surpreso.

– **Sim. Eu sou a sétima Constituição brasileira e vou contar um pouco sobre as minhas irmãs.**

Vou contar um pouco sobre as minhas irmãs.

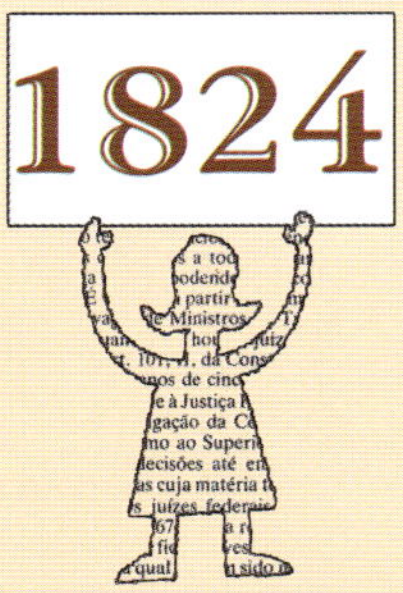

A minha irmã mais velha, isto é, a primeira Constituição brasileira, nasceu em 1824, dois anos depois que o Brasil ficou independente de Portugal.

Quem convocou a Assembleia Nacional Constituinte foi o imperador D. Pedro I, que queria todo o poder nas mãos dele e dos portugueses que moravam no Brasil. Nessa época, um terço da população era formada por escravos, mas nem eles nem o povo tinham vez para nada.

D. Pedro I não gostou do projeto que os constituintes apresentaram e resolveu fazer uma Constituição por sua própria conta. Chamou um pequeno grupo de amigos e, juntos, eles aprovaram uma Constituição do jeito que D. Pedro I queria.

1891

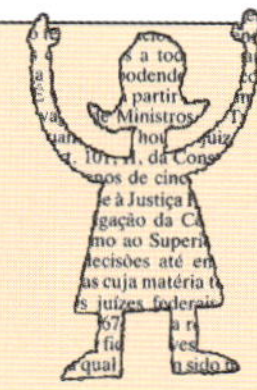

A minha segunda irmã nasceu em 1891, dois anos depois da proclamação da República, num período em que muitas coisas estavam acontecendo no Brasil.

Os escravos tinham sido libertados em 1888, os primeiros imigrantes europeus estavam chegando, crescia a produção de café, as indústrias se desenvolviam.

A Assembleia Nacional Constituinte foi convocada pelo marechal Deodoro da Fonseca, primeiro presidente do Brasil. Nessa época, o voto não era secreto, e os analfabetos, as mulheres e os menores de 21 anos ainda não podiam votar. Pelo fato de o voto não ser secreto, os que tinham mais poder acabavam tendo também muita influência sobre os eleitores.

1934

A minha terceira irmã nasceu em 1934, num período de grande desenvolvimento das cidades brasileiras. Foi o povo que exigiu que a Assembleia Nacional Constituinte fosse convocada pelo então presidente Getúlio Vargas. O voto passou a ser secreto e também as mulheres alfabetizadas puderam votar. A idade mínima para ser eleitor passou a ser 18 anos. Nessa Constituição os trabalhadores conseguiram que fosse aprovada a lei das oito horas de trabalho por dia, do descanso semanal pago, do direito à assistência médica, à educação e às férias anuais.

A minha quarta irmã nasceu em 1937, só três anos depois da terceira, isto porque o presidente Getúlio Vargas implantou no Brasil uma ditadura, isto é, um governo autoritário, em que todo o poder fica nas mãos do presidente.

Esse governo de Getúlio Vargas foi chamado de Estado Novo. A Constituição de 1937 foi feita para que Getúlio Vargas mandasse sozinho e com as leis que ele bem entendesse. Mas o salário mínimo, previsto na Constituição de 1934, e os direitos dos trabalhadores foram mantidos.

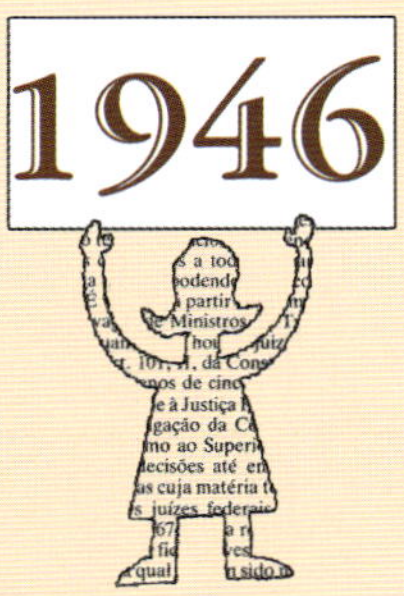

A minha quinta irmã nasceu em 1946, um ano depois que o presidente Getúlio Vargas foi obrigado a abandonar o governo brasileiro.

O povo escolheu por eleições diretas o novo presidente, general Eurico Gaspar Dutra, e também os deputados federais e senadores que elaboraram a Constituição de 1946. Essa Constituição ficou muito parecida com a de 1934 e durou até 31 de março de 1964, quando o então presidente João Goulart, apelidado de Jango, foi derrubado pelos militares. A partir desse dia, os militares passaram a governar o Brasil, estabelecendo a ditadura militar.

A minha sexta irmã nasceu em 1967, no governo do general Castello Branco.

Essa Constituição diminuiu o direito do povo de escolher seus representantes e estabeleceu que a partir de então o presidente seria escolhido por eleições indiretas, por um colégio eleitoral, isto é, por membros do Congresso Nacional.

E também estabeleceu que todo o poder ficava nas mãos do presidente e dos militares.

Nessa época, o povo começou a reclamar, a se manifestar contra o governo, contra os militares, contra a situação.

Descontentes com as reclamações, em dezembro de 1968, os militares criaram o Ato Institucional nº 5 (AI-5), uma lei que dava ao governo o direito de prender ou expulsar do país qualquer pessoa que o criticasse ou que dissesse algo contra os militares ou contra a situação.

Em 1969, uma emenda modificou a Constituição de 1967. O Ato Institucional nº 5 (AI-5) foi incorporado às leis da minha sexta irmã, permitindo que o presidente fechasse o Congresso Nacional, cassasse mandatos, suspendesse direitos políticos. Nesse período muitos brasileiros foram presos ou expulsos do país. O governo censurava os jornais, as revistas, a televisão e todos os meios de comunicação.

Enfim, com a incorporação dessa emenda – que considero quase uma irmã –, a Constituição se tornou mais autoritária do que já era, tirando do povo toda a liberdade.

– Como é que depois de tudo isso você nasceu? – perguntou Marcelo.
– Puxa, passou muito tempo para você aparecer! – falou Adriana.
– **Esta é uma outra história...**

O POVO QUER VOTAR
O POVO QUER VOTAR
O POVO QUER VOTAR
O POVO QUER VOTAR
DIRETAS JÁ
DIRETAS JÁ
O POVO QUER VOTAR
DIRETAS JÁ
JÁ

Esta é uma outra história...

É lógico que não é bom viver sem liberdade. Sem liberdade de pensar, de falar, de se manifestar. E é lógico que as pessoas foram ficando cada dia mais descontentes, sendo governadas por regimes autoritários, leis autoritárias.

Muita gente se queixou, muita gente brigou, muita gente se arriscou, até que começaram a acontecer as primeiras mudanças.

Os presos por motivos políticos foram soltos, e quem tinha sido expulso do país pôde voltar, porque foi dada a eles a anistia, isto é, o perdão do governo.

A censura aos meios de comunicação passou a não ser tão rígida, e todo mundo pôde se manifestar com mais liberdade.

Em 1984, vinte anos depois que os militares tomaram o poder, multidões de brasileiros saíram às ruas na campanha das "Diretas Já", exigindo escolher por voto direto seu próprio presidente.

A campanha das Diretas Já não levou às eleições diretas para presidente, mas o colégio eleitoral elegeu Tancredo Neves, um presidente que não era militar e que havia prometido uma nova Constituição.

Tancredo Neves morreu antes de tomar posse na presidência e foi substituído por seu vice-presidente, José Sarney.

VOTO

Apesar disso, em 1986, o povo escolheu, por eleições diretas, os deputados federais e senadores, que formaram a nova Assembleia Nacional Constituinte, e foi das mãos deles que eu saí.

– E quais foram as novidades que você trouxe? – perguntou Adriana.

– Eu já comentei com vocês sobre a preservação da natureza, a proteção aos índios e às terras indígenas...

Mas eu trouxe também...

... leis que acabaram com a censura aos meios de comunicação...

... leis que ampliaram os direitos dos trabalhadores, como as 44 horas de trabalho semanal e o direito de greve...

... leis que se preocupam com os aposentados e com o menor de idade que trabalha...

... leis que reconhecem a profissão de empregada doméstica...

... leis que garantem 120 dias de licença para a mãe trabalhadora que teve filho...

... leis que estendem o direito de voto para os maiores de 16 anos...

– Essas são algumas das novidades e ainda podem surgir outras, porque um país não precisa trocar de Constituição a toda hora. Há leis que podem ser mudadas, outras acrescentadas ou ampliadas, mas o mais importante é que eu seja respeitada por todos.

Só assim todos terão os seus direitos respeitados

O direito de pensar, de falar, de se reunir, de se manifestar livremente...

... de escolher o próprio partido político, de escolher a própria religião...

... de não ser discriminado por causa de sexo, cor ou qualquer outra característica pessoal.

O direito de ir e vir a todos os pontos do país...

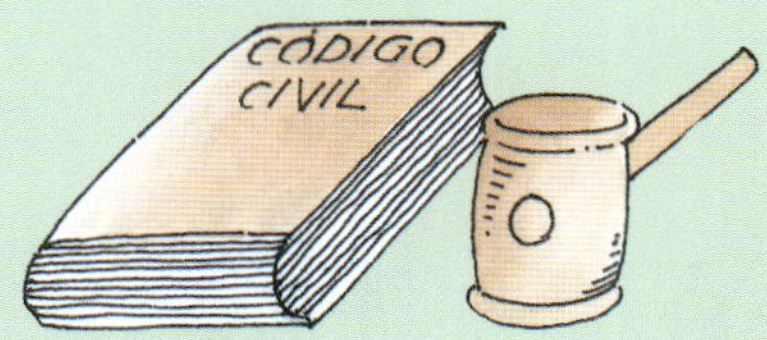

... de ter segurança, de ter julgamento dentro do que a lei determina...

... e, principalmente, o direito de escolher livremente e por voto direto e secreto os próprios governantes. Eles que, como representantes do povo brasileiro, têm mais do que todos o dever de respeitar a Constituição, que, como já falei, é a lei máxima de um país.

– Estou emocionada com essa história! – falou Adriana. – Nunca pensei que a Constituição tivesse tanto a ver com a minha vida!

– Adorei mesmo! – disse Marcelo.

Agora depende de vocês!

– **Agora depende de vocês** – falou a Constituição.

– O que é que depende da gente? – eles perguntaram.

– **Se alguém, qualquer um, ficar sabendo que eu não estou sendo respeitada, deve reclamar. Isso tem que estar na cabeça de todo mundo: de vocês, da mãe de vocês, do pai de vocês, do tio, da avó, do vizinho... Da dona de casa, da médica, do advogado, do eletricista, da vendedora, do encanador, do empresário, da jornalista, do escritor, do pedreiro, do agricultor, do banqueiro, da ascensorista, do cabeleireiro, do empresário, da babá, do carteiro, da professora, do lixeiro, do engenheiro, da atleta, do comerciante, do porteiro, do motorista, do padeiro, da enfermeira, do faxineiro, do artista...**

– Nossa, essa lista de gente não vai acabar mais – falou Marcelo.

– Você está ouvindo um barulho, Adriana?

– Acho que vem da próxima página.

Vamos ver o que está acontecendo lá?

Muitas crianças estavam conversando. Cada uma delas tinha entrado no livro.

Marcelo e Adriana se aproximaram.

– Sabe que eu gostaria de entrar de novo no livro? – falou uma das crianças.

– Eu também... Eu também... Eu também... Eu também... – foram falando todas as outras.

– Então, que tal desta vez nós entrarmos todos juntos? – sugeriu Marcelo.

LILIANA IACOCCA
MICHELE IACOCCA
Entre neste livro
A Constituição para crianças
TODO MUNDO NO PODER!
ATÉ O MEU IRMÃO MAIS VELHO?
editora ática

Conhecendo o ECA

Agora que vocês já entraram no livro e conheceram a “mãe” das leis brasileiras, como estão se sentindo?

Admirados? Mais sabidos? Com mais responsabilidades?...

Ninguém precisa ter pressa em responder. Este é um assunto para a vida inteira.

Preparem-se então para uma nova e agradável surpresa.

Vocês vão ser apresentados ao **ECA**.

Quem é esse tal de ECA?

É nada mais nada menos que um filho da Constituição.

Estão curiosos?

O ECA nasceu em 13 de julho de 1990 e significa Estatuto da Criança e do Adolescente. Muita gente contribuiu para a sua existência: movimentos liderados por educadores, juristas, entidades religiosas e organizações preocupadas em ampliar as leis que já existem na Constituição em relação à infância e à adolescência.

Isso quer dizer que, de acordo com as leis do ECA, desde antes do nascimento, ainda na barriga da mãe, até os 18 anos de idade, a criança e o jovem têm leis que regem os seus direitos e deveres.

E esses direitos e deveres devem ser acompanhados pela família, pela sociedade e pelo governo num trabalho conjunto, para que sejam cumpridos e respeitados.

Imaginem quantas mudanças podem acontecer se todos se informarem e levarem as leis do ECA a sério.

Imaginem quantas crianças e adolescentes podem ser ajudados! Porque tem muitos que sofrem maus-tratos dentro da própria casa, que fogem e vivem na rua, que não frequentam escolas... Muitas crianças e adolescentes que crescem sem nenhum apoio e acabam sendo excluídos, sem oportunidade de ter uma vida decente.

Acontece que ninguém escolhe viver desse jeito e é praticamente impossível resolver por conta própria toda essa situação.

O que resta então é todo mundo ficar alerta, se informar para saber quais são as instituições competentes que acolhem, defendem, oferecem ajuda, proteção, novos estímulos e, principalmente, cumprem as leis.

Resta também divulgar o ECA, trocar ideias com os amigos, esclarecer as pessoas que não sabem que ele existe e ficar de olho, observar como são tratadas as crianças e os adolescentes em todos os lugares que a gente frequenta.

Resta mesmo cada um cooperar e fazer a sua parte, por menor que pareça.

E um bom começo é conhecer alguns direitos das crianças e dos jovens. Então saibam que:

Vocês têm o direito...

... de brincar, brincar até se cansar para depois descansar.

... de receber tratamento e o respeito de todos se tiverem qualquer tipo de deficiência.

... de pertencer a um país, fazer parte de uma família, de possuir um nome, um sobrenome e um endereço.

... de ser protegidos em situações em que possam correr riscos.

... à alimentação e aos cuidados médicos.

... de ter condições de descobrir do que realmente gostam, para poder desenvolver suas aptidões.

... ao estudo, à cultura e à informação.

... a uma vida pacífica e ao contato com a natureza.

... de se expressar e de manifestar suas opiniões.

... de se sentir livres.

... de se divertir, praticar esportes, conviver com os outros.

... de receber preparo para um futuro encaminhament profissional.

E saibam também que:

Vocês têm o direito de reclamar quando...

... forem maltratados ou agredidos fisicamente por quem quer que seja.

... forem forçados a trabalhar.

... se sentirem discriminados por qualquer motivo.

... forem molestados sexualmente.

... sentirem fome ou falta de atendimento médico.

... forem induzidos a usar drogas.

... perceberem que estão sendo explorados ou desrespeitados.

... correrem perigo e não receberem socorro.

... forem pressionados a praticar atos violentos.

... não tiverem oportunidade de frequentar a escola.

... não tiverem onde morar.

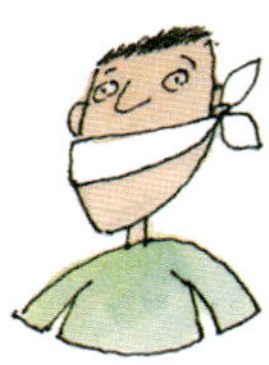

... não tiverem chance de se defender de uma acusação.

Viram por que o ECA é um grande avanço social?

Ele assegura uma sociedade mais justa para todas as crianças e adolescentes, que também devem ter um compromisso de respeito e solidariedade com todos.

Por que não desejar um país humano, justo e solidário?